This Bucket List Journal Belongs To:

_____

My Bucket List

Bucket List

What

Why _____

How _____

_____

_____

_____

_____

Completed

Date _____

Where _____

With _____

Notes/Thoughts/Memories

_____

_____

_____

_____

_____

_____

Would I Do It Again?   yes ☐   no ☐

Memories In Pictures

Souvenirs

Bucket List

What

Why _____

How _____

_____

_____

_____

Completed

Date _____   Where _____

With _____

Notes/Thoughts/Memories

_____

_____

_____

_____

_____

_____

Would I Do It Again?   yes ☐   no ☐

Memories In Pictures

Souvenirs

Bucket List

What

Why _____

How _____

_____

_____

_____

Completed

Date _____

Where _____

With _____

Notes/Thoughts/Memories

_____

_____

_____

_____

_____

_____

_____

Would I Do It Again?   <u>yes</u> ☐   <u>no</u> ☐

Memories In Pictures

Souvenirs

Bucket List

What

Why _____

How _____

_____

_____

_____

_____

Completed

Date _____

Where _____

With _____

Notes/Thoughts/Memories

_____

_____

_____

_____

_____

_____

Would I Do It Again?   yes ☐   no ☐

Memories In Pictures

Souvenirs

Bucket List

What

Why _____

How _____

_____

_____

_____

_____

Completed

Date _____

Where _____

With _____

Notes/Thoughts/Memories

_____

_____

_____

_____

_____

_____

_____

_____

Would I Do It Again?

yes ☐ no ☐

Memories In Pictures

Souvenirs

Bucket List

What

Why _____

How _____

_____

_____

_____

_____

Completed

Date _____   Where _____

With _____

Notes/Thoughts/Memories

_____

_____

_____

_____

_____

_____

Would I Do It Again?   yes ☐   no ☐

Memories In Pictures

Souvenirs

Bucket List

What

Why _____   How _____
_____   _____
_____   _____
_____   _____

Completed

Date _____   Where _____

With _____

Notes/Thoughts/Memories

_____
_____
_____
_____
_____
_____
_____

Would I Do It Again?   yes ☐   no ☐

Memories In Pictures

Souvenirs

Bucket List

What

Why _____

How _____

_____

_____

_____

_____

Completed

Date _____

Where _____

With _____

Notes/Thoughts/Memories

_____

_____

_____

_____

_____

_____

Would I Do It Again?   yes ☐   no ☐

Memories In Pictures

Souvenirs

Bucket List

What

Why _____   How _____
_____   _____
_____   _____
_____   _____

Completed

Date _____   Where _____

With _____

Notes/Thoughts/Memories

_____
_____
_____
_____
_____
_____
_____

Would I Do It Again?   yes ☐   no ☐

Memories In Pictures

Souvenirs

Bucket List

What

Why _____   How _____

_____   _____

_____   _____

_____   _____

Completed

Date _____   Where _____

With _____

Notes/Thoughts/Memories

_____

_____

_____

_____

_____

_____

Would I Do It Again?   yes   no

Memories In Pictures

Souvenirs

Bucket List

What

Why _____   How _____
_____   _____
_____   _____
_____   _____

Completed

Date _____   Where _____

With _____

Notes/Thoughts/Memories

_____
_____
_____
_____
_____
_____
_____

Would I Do It Again?   yes ☐   no ☐

Memories In Pictures

Souvenirs

Bucket List

What

Why _____   How _____
_____   _____
_____   _____
_____   _____

Completed

Date _____   Where _____

With _____

Notes/Thoughts/Memories

_____
_____
_____
_____
_____
_____

Would I Do It Again?   yes ☐   no ☐

Memories In Pictures

Souvenirs

Bucket List

What

Why _____   How _____
_____   _____
_____   _____
_____   _____

Completed

Date _____   Where _____

With _____

Notes/Thoughts/Memories

_____
_____
_____
_____
_____
_____
_____

Would I Do It Again?   yes ☐   no ☐

Memories In Pictures

Souvenirs

Bucket List

What

Why _____   How _____

_____   _____

_____   _____

_____   _____

Completed

Date _____   Where _____

With _____

Notes/Thoughts/Memories

_____

_____

_____

_____

_____

_____

Would I Do It Again?   yes   no ☐

Memories In Pictures

Souvenirs

Bucket List

What

Why _____   How _____

_____   _____

_____   _____

_____   _____

Completed

Date _____   Where _____

With _____

Notes/Thoughts/Memories

_____

_____

_____

_____

_____

_____

_____

Would I Do It Again?   yes ☐   no ☐

Memories In Pictures

Souvenirs

Bucket List

What

Why _____

_____

_____

_____

How _____

_____

_____

_____

Completed

Date _____

Where _____

With _____

Notes/Thoughts/Memories

_____

_____

_____

_____

_____

_____

yes no

Would I Do It Again?

Memories In Pictures

Souvenirs

Bucket List

What

Why _____   How _____
_____   _____
_____   _____
_____   _____

Completed

Date _____   Where _____

With _____

Notes/Thoughts/Memories

_____
_____
_____
_____
_____
_____
_____

Would I Do It Again?   yes ☐   no ☐

Memories In Pictures

Souvenirs

Bucket List

What

Why _____   How _____

_____   _____

_____   _____

_____   _____

Completed

Date _____   Where _____

With _____

Notes/Thoughts/Memories

_____

_____

_____

_____

_____

_____

Would I Do It Again?   yes ☐   no ☐

Memories In Pictures

Souvenirs

Bucket List

What

Why _____

How _____

_____

_____

_____

_____

_____

_____

Completed

Date _____

Where _____

With _____

Notes/Thoughts/Memories

_____

_____

_____

_____

_____

_____

Would I Do It Again?   yes ☐   no ☐

Memories In Pictures

Souvenirs

Journal

Journal

Journal

Journal

Journal

Journal

Journal

Journal

Journal

Journal

Journal

Journal

Journal

Journal

Journal

Journal

Journal

Journal

Journal

Journal

Journal

Journal

Journal

Journal

Journal

Journal

Journal

Journal

Journal

Journal

Journal

Made in the USA
Middletown, DE
14 November 2021